MÉMOIRE A CONSULTER
ET CONSULTATION

POUR Dame SARA MENDEZ D'ACOSTA, épouse du Sieur Samuel PEIXOTTO, Banquier à Bordeaux, tous deux de la Nation Juive Portugaise, Appellans d'une Sentence par défaut, rendue contre elle au Châtelet de Paris.

MERE à plaindre autant qu'épouse infortunée, la Dame Peixotto se voit réduite à soutenir, à venger, devant les Tribunaux, sa qualité, son état, celui de ses enfans, contre l'homme qui, avec tout l'appareil de la Religion, s'étoit engagé solemnellement à les défendre, & à qui la nature seule en faisoit une obligation sacrée. Comment le sieur Peixotto a-t-il pu les oublier, les méconnoître ces engagemens saints, ces augustes sermens, appuis les plus fermes de la société, de la tranquillité & de la félicité publique ? Comment s'est-il flatté de parvenir à les rompre sous les yeux & par le ministere des

A

Loix, fans avoir le plus léger reproche à faire à fon épouse, & ne pouvant lui oppofer que les moyens les plus frivoles & les plus abfurdes? Malheur aux ames perverfes qui, femant la difcorde entre l'époux & l'époufe, entre le pere & les enfans, infpirerent au fieur Peixotto ou fomenterent en lui l'odieux projet qu'il s'efforce d'exécuter, bien plus à fa honte, qu'à celle de ce qu'il devroit avoir de plus cher au monde!

Que l'on pardonne ces trop juftes réflexions à la profonde, à l'amere douleur de la Dame Peixotto : elle va tâcher d'en fufpendre les mouvemens, pour expofer les faits & les moyens de cette Caufe affligeante pour l'humanité.

FAITS ET PROCÉDURES.

En 1761, le fieur Peixotto, alors âgé de vingt-un ans, fut envoyé par la Dame fa mere, devenue veuve, en Hollande & à Londres, pour s'y former au commerce en grand de la banque, & fe mettre en état de foutenir celle que le feu fieur fon pere avoit laiffée très-floriffante à Bordeaux.

Une relation très-fuivie d'affaires en ce genre avoit formé depuis long-tems une étroite liaifon, que la conformité de Religion avoit encore refferrée, entre la maifon du fieur Peixotto, & celle des parens de la Demoifelle d'Acofta, établie à Londres.

Ce fut à ces derniers que la mere du premier crut devoir l'adreffer & le recommander en l'envoyant en cette Ville. Il en fut reçu avec toutes les marques d'amitié que demandoit cette preuve de confiance, & que l'ancienne liaifon des deux maifons pouvoit infpirer.

Dans les fréquentes vifités que le fieur Peixotto fe faifoit un plaifir de rendre à fes Correfpondans , il eut fouvent occafion de voir la Demoifelle d'Acofta leur fœur. Ses qualités , fes vertus firent fur lui l'impreffion la plus vive : il crut voir en elle l'époufe deftinée à faire fon bonheur ; il ne penfoit qu'à s'en rendre digne , & ne foupiroit qu'après le moment où il pourroit l'obtenir : c'étoient alors fes expreffions. Peu faite encore à feindre , fa bouche étoit fans doute l'organe fidele de fon cœur.

Il fit part de fes fentimens à la Dame fa mere & aux parens de la Demoifelle d'Acofta. L'alliance étoit convenable à tous égards , & fous tous les rapports de Religion , de condition & de fortune. Tout fut auffi bientôt d'accord , tant entre les parens des Parties , qu'entre les Parties elles-mêmes , & paroiffoit néanmoins procéder trop lentement au gré du fieur Peixotto. Le 27 Février 1762 , il figna les articles de fon contrat de mariage avec la future & les parens de celle-ci : quelques jours auparavant , on lui avoit remis , pour l'examiner , une traduction en François de cet acte rédigé dans la langue de la future & de fes parens , que le fieur Peixotto commençoit pourtant à entendre : il approuva toutes les difpofitions de ce contrat , qui d'ailleurs avoient toutes été convenues d'avance. En conféquence , le mariage fut célébré le 3 Mars fuivant à Londres avec toutes les cérémonies & les folemnités du culte Judaïque.

Le fieur Peixotto fembloit être au comble de fes vœux : il s'empreffa de partager avec fa famille fa fatisfaction , & peu de tems après fes noces , il conduifit à Bordeaux fon époufe. Elle n'a point oublié & n'oubliera jamais les marques d'amitié , d'affection & de tendreffe que lui donnerent dès-lors , & que n'ont ceffé depuis de lui donner la Dame Peixotto mere & tous les parens de fon mari. Elle éprouva de leur part toutes les attentions, tout l'intérêt, tout l'attachement qu'elle auroit pu fe promettre de fa propre famille.

C'étoit un adouciffement aux peines, aux douleurs que le fieur Peixotto commençoit de lui faire éprouver. Naturellement inconftant, emporté, féroce & peu maître de lui, fa maifon très-brillante au dehors, n'offroit rien que d'affligeant à ceux dont elle étoit la demeure ordinaire : c'étoient chaque jour nouveaux éclats & fureurs nouvelles.

La naiffance de trois enfans, dont la Dame Peixotto devint mere, parut un peu les fufpendre : le pere marqua la joie la plus vive dans ces occafions ; il voulut la fignaler par des fêtes publiques & éclatantes.

L'apparence de calme ne fut guere plus longue que ces réjouiffances auxquelles cet événement avoit donné lieu. Le fieur Peixotto, rendu bientôt à fon caractere, fit effuyer de nouveau à fon époufe ce que le caprice, l'humeur, la bifarrerie, l'emportement ont de plus dur. Inutilement la Dame Peixotto effaya-t-elle de l'appaifer, de le ramener par une patience, une douceur qui la firent admirer autant qu'on la plaignoit.

Elle fut contrainte, au bout d'environ cinq ans de mariage & de chagrins, d'accepter la propofition que fon mari lui fit, de vivre féparément, moyennant une penfion de 6000 liv. par an. Elle fe logea dans une maifon joignant celle de fon mari & de fa belle-mere. Celle-ci continuoit de la traiter en mere véritable : le fieur Peixotto la voyoit rarement. Après cinq autres années, malgré les accroiffemens de fon commerce & de fa fortune, le fieur Peixotto voulut reftreindre le traitement qu'il faifoit à fon époufe. Il exigea d'elle qu'elle confentît par écrit à la féparation qui fubfiftoit déjà volontairement, & au lieu de

6000 liv. il n'en promit plus que 4200 liv. par an, pension bien au-deſſous de la dot de ſon épouſe, dont il ſe réſervoit la jouiſſance par cet écrit. La date en eſt du 17 Janvier 1772. La penſion a été payée juſqu'au 5 Janvier 1774; depuis cette époque, le ſieur Peixotto n'a rien fourni à ſon épouſe.

Ce fut vers ce même tems, que le ſieur Peixotto, pour donner plus d'étendue à ſon commerce, projetta de former une maiſon de correſpondance à Paris, & ſe rendit à cet effet dans cette Capitale. Il n'avoit annoncé qu'un voyage de quelques mois; il y eſt cependant reſté depuis ce tems; mais ſans ceſſer d'avoir ſon domicile & ſon principal établiſſement à Bordeaux, où il avoit laiſſé ſes enfans & ſa femme.

Celle-ci put du moins, pendant ſon abſence, avoir la conſolation, que ſon mari avoit la dureté de lui refuſer, de voir & d'embraſſer ſes enfans chez ſa belle-mere; mais tandis qu'elle goûtoit cette ſatisfaction ſi légitime, quels outrages lui étoient préparés! quelles funeſtes impreſſions agitoient & égaroient le pere dans la Capitale!

La Dame Peixotto ne cherchera point à remonter à leur ſource; c'eſt déjà trop pour elle d'en avoir à peindre les effets.

Oubliant les titres ſacrés d'époux & de pere, le ſieur Peixotto a tenté, &, autant qu'il étoit en lui, il a conſommé l'affreux deſſein de précipiter la mere du rang honorable d'épouſe légitime dans la claſſe des infames concubines; & les enfans, ces enfans qu'il n'oſe déſavouer, il les voue à l'opprobre d'une bâtardiſe ignominieuſe.

Le projet eſt révoltant; ſa marche ne fut pas moins monſtrueuſe. Domicilié, comme on vient de le dire, à Bordeaux, c'eſt-là, s'il s'y croyoit fondé, qu'il auroit dû intenter cette action lamentable; mais là, comment ſoutenir les reproches,

les regards feulement de fa mere, de fes parens, de fes amis & du
public? Il ne voit pour lui de reffource que dans l'obfcurité &
dans l'intrigue.

Sa demande en nullité de fon mariage, il la porte au Châtelet
de Paris: dans fa Requête du 3 Octobre 1775, il fe qualifie
fimplement de Banquier à Paris, où jamais il n'avoit été reçu
en cette qualité. L'affignation à laquelle il eft autorifé par
l'Ordonnance au bas de fa Requête, il la fait fignifier à fon
époufe, où? à la maifon qu'il occupoit à Paris, & où jamais
fon époufe n'avoit mis le pied: c'eft-à-dire que pour défendre
à l'action la plus importante pour elle, il fait affigner fa femme
dans un domicile qu'elle n'a jamais habité, & d'où les fignifications qui paroiffoient lui être faites, paffoient & reftoient
entre les mains de fon agreffeur.

Ainfi cet agreffeur peu délicat fe préparoit une victoire facile,
ou plutôt confommoit la moins tolérable furprife. Après deux
interlocutoires, fur des préfentations & traductions de pieces,
fignifiés de la même maniere, il obtint, le 30 Décembre
1775, Sentence par défaut, qui pour le profit d'icelui « déclare
» nul & non-valablement contracté le mariage célébré, le 3 Mars
» 1762, entre le fieur Peixotto & la Demoifelle d'Acofta, &
» enjoint à celle-ci de fortir de la maifon de celui-là, en em-
» portant les bijoux, linges & hardes à fon ufage ».

Juges integres, vous regardâtes fans doute le défaut de com-
parution, comme défaut de moyens de la part de la Dame
Peixotto; vous prîtes pour confentement le filence qu'elle
fembloit garder dans cette importante conjoncture. Quelle eût
été votre indignation, fi perçant les ténebres dont le fieur
Peixotto s'enveloppoit, vous aviez pu voir qu'au moment où
il vous demandoit de condamner fa femme, comme n'ayant

ofé fe défendre, lui-même il retenoit entre fes mains les fignifications auxquelles il lui reprochoit de n'avoir pas répondu ;
& que cette femme innocente & vertueufe avoit, & par le fait
feul de celui qui l'attaquoit, profondément ignoré que fon état
fût compromis !

Ce fut encore à Paris, & entre les mains de fon Portier, que
le fieur Peixotto fit fignifier cette Sentence à fon époufe ; il eut
enfuite la barbarie de lui envoyer directement & par la pofte
la Sentence & toutes les autres fignifications.

On imagine à peine, & il feroit impoffible de rendre l'état
où cette fatale dépêche jetta la Dame Peixotto : elle va tomber
entre les bras de fa belle-mere ; des larmes entrecoupées de fan-
glots annoncent feules fon affreufe fituation ; elle femble n'être
rappellée à la vie par les efforts de la tendreffe, que pour fentir
plus vivement fes maux. Son filence avoit alarmé, fes premieres
paroles confternent. Accourus de toute part au bruit de fa douleur, les parens de fon mari s'empreffent autour d'elle, & par les
marques de l'affection la plus tendre, lui peignent toute l'im-
probation qu'ils donnent aux fureurs du fieur Peixotto : elles
excitent dans tout Bordeaux un cri général d'indignation.

L'époufe infortunée fentit bientôt qu'il lui reftoit d'autres
devoirs à remplir : la tendreffe maternelle lui donna des forces
que fon intérêt feul n'auroit pu lui prêter. Au lieu de gémir
ftérilement fur fon état, elle s'occupe toute entière de celui de
fes enfans. D'après l'avis des Confeils les plus éclairés, elle
donne la Requête au Parlement de Bordeaux. Ce Tribunal
annulle tout ce qui s'étoit fait au Châtelet ; il rappelle, &
renvoie les Parties devant le Sénéchal de Guyenne, fauf
l'appel.

Sur la fignification de cet Arrêt, le fieur Peixotto fe pourvoit en la Cour qui retient l'affaire au Châtelet, sauf l'appel aussi.

Le conflit de Jurisdiction se forme; le Réglement de Juges s'instruit au Conseil. Tout sembloit garantir à la Dame Peixotto son renvoi en Guyenne. De tout tems son mari avoit été notoirement domicilié à Bordeaux; là toujours avoit été le centre & le chef-lieu de son commerce, le siege de sa fortune : là étoient sa femme & ses enfans: lui-même, dans le bail de la maison qu'il avoit prise dans la Capitale, s'étoit qualifié Banquier à Bordeaux, étant de présent à Paris, C'étoit donc aussi là qu'il auroit dû attaquer son mariage, & là qu'il devoit être renvoyé.

Cependant, par des motifs que la Dame Peixotto se fait un devoir de respecter, le Conseil, par Arrêt du 16 Juin dernier, a ordonné que les Parties procéderoient au Châtelet, & par appel au Parlement du ressort.

La Dame Peixotto est bien éloignée d'en murmurer ou d'en rien craindre: elle n'aura pas, il est vrai, l'avantage d'avoir des Juges instruits des faits par la notoriété publique ; mais elle se trouvera placée à la source des lumieres: elle défendra sa Cause devant le premier Tribunal du Royaume, aussi recommandable par la profondeur de ses lumieres, que par l'équité de ses Arrêts.

Celui du Conseil fut signifié le 16 Juillet dernier à la Dame Peixotto. Son mari la fit sommer le 31, toujours en sa maison à Paris, de former opposition, si bon lui sembloit, à la Sentence du 30 Décembre 1775, sinon il protestoit d'en suivre l'exécution.

En effet, le 22 Août suivant, il la fit assigner à se trouver les 29 & 30 dans les maisons du sieur Peixotto à Paris & à la campagne

campagne, pour y être préfente à la perquifition des *bijoux*, *linges & hardes à fon ufage*, afin de les en retirer (c'étoient les termes de la Sentence, rédigée fur les conclufions du fieur Peixotto, & un aveu de fa part que ces bijoux, linges & hardes appartenoient à fon époufe). Il lui a cependant fait fignifier depuis, qu'il réclamoit pour 40,000 liv. de bijoux, dont il l'avoit, dit-il, parée le jour de fes noces. Les 29 & 30 Août, il a fait faire des perquifitions fruftratoires, & plus ridicules encore dans fes maifons de Paris & de la campagne, où fon époufe n'étoit jamais venue. Une troifieme perquifition a été faite à fa requête avec plus de fondement, mais avec plus d'indécence auffi, dans le logement que fon époufe avoit occupé chez fon beau-frere à Bordeaux; mais on attendit le moment où elle venoit d'en fortir, pour fe rendre à Paris à la fuite de fon affaire.

Le fieur Peixotto a pris encore la précaution affez finguliere de faire conftater que fes enfans ne fe trouvoient pas dans ces appartemens: il ne l'ignoroit pas; lui-même il les avoit laiffés chez la Dame fa mere à Bordeaux, d'où il a plufieurs fois tenté de les retirer depuis par rufe, ou par force, & même en vertu d'une lettre de cachet furprife, & dont l'équité & la fageffe de M. le Maréchal de Mouchy empêcherent l'effet. Son époufe ne fauroit pénétrer fes vues à cet égard; mais que ne doit-on pas craindre pour les enfans, en voyant comment la mere eft traitée!

Enfin, le fieur Peixotto, qui retient le revenu de fa dot, qui depuis quatre ans ne lui a point payé de penfion, la pourfuit pour le paiement des frais qu'il s'eft fait adjuger au Châtelet: tels font les procédés & fa procédure. Voici maintenant fes prétendus moyens.

MOYENS.

Un mariage contracté après des conventions réfléchies, célebré avec toutes les folemnités prefcrites, fuivi d'une longue cohabitation & de la naiffance de plufieurs enfans, & foutenu par la poffeffion d'état la plus paifible & la plus conftante, laiffoit-il aucune voie pour l'attaquer ? Auffi les détours même auxquels le fieur Peixotto a cru devoir recourir pour cette attaque, annoncent affez qu'il ne pouvoit s'en diffimuler l'injuftice. Pour lui enlever l'avantage momentané qu'il s'eft procuré par tant d'artifices, fon époufe n'aura befoin que d'oppofer la fimple vérité & les maximes les plus inconteftables aux menfonges dont il s'enveloppe, aux erreurs dont il s'étaie. Elle va d'abord fuivre les faits, enfuite elle difcutera les prétendues nullités alléguées par fon mari.

A l'en croire, *à peine fut-il arrivé à Londres, que les parens de la Demoiselle d'Acofta, éblouis de fa fortune, chercherent & parvinrent à le féduire pour la lui faire époufer.*

Où font les preuves du complot qu'il ofe imputer à des gens d'honneur ? Quelle manœuvre leur reproche-t-il d'avoir employée ? L'embrafa-t-on par le portrait imaginaire & trompeur d'une perfonne qu'il n'eût jamais vue ? Tous les jours prefque il rencontroit la Demoifelle d'Acofta au fein de fa famille. L'attira-t-on en lui promettant de faux avantages ? Il n'attaque point la fincérité du contrat de mariage ; & il réfulte de ce contrat, qu'outre de grandes efpérances, la Demoifelle d'Acofta apportoit 6,000 livres fterlings de dot. Profita-t-on de fon empreffement pour lui faire affurer des avantages inefpérés à la future époufe ? Tout paroît réciproque dans le contrat.

Mais, pourſuit-il , *on commença par gagner ſon Gouver-*
neur.

Pourquoi ne le pourſuit-il pas ? Pourquoi ne le nomme-t-il
pas au moins ? Qu'a-t-on fait pour ſe l'attacher ? Qu'a-t-il
fait pour tromper ſon éleve ? Comment & en quoi l'auroit-il
trompé , d'après ce que l'on vient de dire ?

Que par ſon inconſtance naturelle, & peut-être par d'autres
motifs, le ſieur Peixotto ait ceſſé d'être ſenſible au mérite ,
aux vertus de ſon épouſe ; on peut le concevoir : mais doit-on
lui pardonner de charger de ſon malheur ceux qui ne vou-
loient que ſon bonheur, & qui crurent l'aſſurer & celui de leur
ſœur, en les uniſſant ?

Sans doute les freres de la Demoiſelle d'Acoſta furent flat-
tés de cette alliance ; non à raiſon de la fortune du ſieur
Peixotto , ils n'étoient pas dans le cas de l'envier ; mais à raiſon des qualités qu'ils lui ſuppoſoient d'après celles dont ſon
pere avoit laiſſé le ſouvenir. Si ces freres tendres avoient pu
prévoir les excès où ſe porte aujourd'hui le ſieur Peixotto, ſes
richeſſes n'auroient été qu'un motif de plus pour rejetter avec
indignation ſa demande. Lui & lui ſeul les trompa, & trompa
leur ſœur en déguiſant à leurs yeux ſes défauts.

On lui fit, reprend-il, *ſigner un contrat dans une langue*
qu'il n'entendoit pas.

On a déjà dit qu'on lui en avoit remis la traduction pour
l'examiner. Le fait eſt conſtaté. Il n'ignoroit pas d'ailleurs que
c'étoit un contrat de mariage ; il en convient : & peut-il ſe
plaindre avec fondement d'aucun des articles ? Il a donc
connu ce qu'il faiſoit ; il n'a rien fait que de convenable. Que
ſignifie après cela ſon obſervation ſur ſa ſignature de ce contrat ? Combien paroîtra-t-elle plus déplacée , ſi on la rapproche

de la célébration du mariage qui la suivit de près? Cet acte
augufte, cet acte folemnel, le fieur Peixotto n'y porta-t-il pas
fa volonté, fa connoiffance toute entiere? Et aujourd'hui il fe
permettra de l'attaquer!

*Le voile que la féduction avoit mis fur fes yeux ne tarda
pas*, continue-t-il, *à fe déchirer: à peine fut-il parvenu à fa
majorité, que de retour en France, il penfa à faire déclarer
la nullité d'une union que fon cœur défavouoit.*

Que d'impoftures & quelle audace! N'eft-ce donc pas lui
qui, peu de mois après fon mariage, conduifit fon époufe à
Bordeaux, & la préfenta fous ce titre à fa famille? N'y ve-
noit-il offrir à fa mere, comme bru, comme alliée à fes pro-
ches, qu'une vile concubine? N'avoit-il arraché la Demoifelle d'Acofta à fa famille, à fa patrie, que pour la vouer à
la honte dans une terre étrangere? Mais n'eft-ce pas à Bordeaux, depuis fon retour, au fein de fa famille & dans fa
maifon, que la Dame Peixotto eft devenue, fous ce nom,
mere de trois enfans? Le fieur Peixotto n'en a-t-il pas publiquement célébré la naiffance par des fêtes & par des œuvres
de piété? N'a-t-il pas ainfi de nouveau pris à témoins & la
Religion & le Public de la légitimité des enfans & de la di-
gnité de la mere? Ce n'eft donc pas un nouveau trait de lu-
miere qui l'éclaire aujourd'hui, mais un fatal éblouiffement
qui l'égare.

Cependant, ajoute-t-il, *la Demoifelle d'Acofta a tellement
reconnu elle-même la nullité de fon mariage avec moi, qu'elle eft
convenue, par écrit, que nous vivrions féparés.*

On a rendu compte de cet écrit, dont le fieur Peixotto a
fi peu rempli les conditions. Comment ofe-t-il le citer? Fau-
droit-il autre chofe pour le confondre? Si fon union avec la

Demoiselle d'Acofta n'avoit rien de facré , de religieux , d'indiffoluble , qu'auroient-ils eu befoin de convention particuliere pour s'autorifer à vivre féparément ? Quelle qualité d'ailleurs y prend la Demoifelle d'Acofta ? Point d'autre que celle d'époufe du fieur Peixotto : & cela dix ans après la célébration du mariage, fept ans après la majorité du fieur Peixotto. Il la reconnoiffoit donc alors cette qualité qu'il difpute maintenant à fon époufe ; il la reconnoiffoit dans l'écrit même qu'il lui oppofe.

Il l'a encore authentiquement reconnue dans un acte de famille , poftérieur & paffé en l'abfence de la Dame Peixotto. Cet acte eft le contrat de mariage de leur fils avec la Demoifelle Alexandre, en date du 24 Septembre 1773. Le fieur Peixotto y déclara , que pour entretenir l'union qui regnoit entre les deux familles alliées déjà de très - près (le fieur Alexandre pere a époufé la fœur du fieur Peixotto), on n'a pas cru pouvoir mieux faire que de former une nouvelle alliance entre le fieur Daniel Peixotto , fils du fieur Samuel Peixotto & de la Demoifelle Sara Mendez d'Acofta , & Demoifelle Rachel Alexandre, fille du fieur Ifaac Alexandre & de la Demoifelle Rebecca Peixotto. Le fieur Peixotto reconnoiffoit donc la Demoifelle d'Acofta pour fa légitime époufe , comme il préfentoit fa fœur pour l'époufe légitime du fieur Alexandre ; il reconnoiffoit le fieur Daniel Peixotto pour fon fils légitime , comme la Demoifelle Rachel Alexandre pour la fille légitime du fieur Alexandre.

Au refte, dans ces écrits & dans ces actes le fieur Peixotto n'a configné que ce que tous les jours il atteftoit par fa conduite publique & privée. Malgré fes caprices , fes humeurs , fes violences , il a toujours regardé la Demoifelle d'Acofta comme son épouse ; ni sa famille ni tout Bordeaux ne l'ont jamais reconnue que sous ce nom.

Pour établir contre son mari la qualité qu'il ose lui disputer, la Dame Peixotto réunit ainsi la possession la plus constante aux titres les plus clairs & les plus précis. Le sieur Peixotto n'est-il pas à tous égards non-recevable ?

Mais son épouse n'est pas réduite à ce genre de défenses. Elle peut combattre avec autant d'avantage les absurdes moyens de nullité adoptés par son époux.

Il en présente quatre : une prétendue séduction, le défaut de consentement de la Dame sa mère ; le défaut de quatre témoins à l'acte de célébration de mariage ; enfin, le défaut de permission du Roi pour le mariage.

Quant à la séduction, qui seroit un moyen invincible si elle étoit réelle, le sieur Peixotto n'en rapporte point d'autre preuve que le récit même dont on vient de lire la discussion. La fausseté, l'absurdité même de ce récit ont été trop sensiblement établies, pour demander une plus ample réfutation. On a prouvé que le sieur Peixotto n'avoit été trompé ni sur la personne ni sur la condition de sa future épouse, ni sur sa fortune ; qu'il n'avoit point été dépouillé de la sienne. Quelle espece de séduction prétendroit-il donc avoir éprouvée ? & seroit-il à tems de s'en plaindre ?

Ce moyen écarté, une réponse générale se présente contre les trois autres : fussent-ils réels, ils seroient du fait du sieur Peixotto ; dès-lors comment voudroit-il s'en prévaloir, & se prétendre autorisé à manquer à la foi qu'il a jurée à son épouse, par la raison qu'il auroit auparavant manqué de respect pour sa mère, de soumission pour son Souverain ?

Mais il faut discuter chacun de ces prétendus moyens en particulier,

Il tire le premier de ce que, lors du contrat & de la célébration de mariage, il n'avoit que dix-neuf ans; qu'il
étoit par conséquent mineur, & que cependant, il n'a point
obtenu le consentement de sa mere; ce que nos Loix requé-
roient, à peine de nullité.

Les réponses viennent ici s'offrir en foule.

D'abord, les deux faits avancés sont faux. Lors de son
mariage, le sieur Peixotto étoit dans sa vingt-deuxieme année;
car il est né en Janvier 1741. La preuve en résulte de l'acte
de sa circoncision. Avant son mariage, il avoit demandé &
obtenu le consentement de la Dame sa mere: le contrat ni l'acte
de mariage n'en parlent point, parce que ce n'est pas l'usage
chez les Juifs. Mais la Dame Peixotto offre en preuve le té-
moignage de sa belle-mere, & des personnes qui ont vu la
lettre qu'elle avoit écrite à son fils à ce sujet.

D'ailleurs, le sieur Peixotto n'eût-il eu que dix-neuf ans,
& se fût-il marié sans le consentement de la Dame sa mere,
d'un côté ce ne seroit pas une nullité pour son mariage, attendu sa qualité de Juif: d'un autre côté, cette nullité, en
supposant qu'il eût pu l'encourir selon nos Loix, seroit levée
aujourd'hui selon ces mêmes Loix, & ne pourroit plus être
proposée contre son mariage.

En premier lieu, ce ne seroit point un moyen de nullité
contre son mariage, attendu sa qualité de Juif. Par un ordre
admirable & un miracle toujours subsistant de la Providence,
le Peuple Juif répandu parmi toutes les nations, ne doit jamais se confondre avec elles; il forme toujours, & par-tout
un peuple à part: il le forme par l'attachement à ses Loix, à
ses usages, à ses cérémonies. De-là tous les Auteurs qui ont
traité cette matiere, & entr'autres Schenedevinus, *institut.*

de hæreditatibus quæ ab intestato deferuntur, n. 11, le Card.
Tuscus, *practic. concluf.*, *concl.* 369 ; & M. Tiraqueau, *de
jure primogen.* *quæst.* 66 , ont inféré que l'admiffion des
Juifs dans un Etat emportoit pour eux la liberté d'y vivre
felon leurs Loix & leurs ufages, & que c'étoit felon ces ufages
& ces Loix que devoient être décidées les conteftations qui
pouvoient s'élever entr'eux. Le fentiment de ces Auteurs n'a
rien que de conforme aux Edits & Déclarations de nos Rois
concernant les Juifs ; & ce privilege ne peut fur-tout être con-
teflé aux Juifs Portugais établis dans ce Royaume depuis
1550, en vertu de Lettres-patentes de Henri II, vérifiées en
la Cour le 22 Décembre de la même année. Par ces Lettres
& par celles de confirmation obtenues de regne en regne des
auguftes prédéceffeurs de Sa Majefté, & en dernier lieu de
Sa Majefté elle-même, il leur eft permis entr'autre chofes de
demeurer & vivre, *fuivant leurs ufages*, dans tout le Royaume, Pays, Tertes & Seigneuries de l'obéiffance de Sa Majefté, qui veut qu'ils foient traités & regardés ainfi que fes
autres Sujets nés dans le Royaume, & qu'ils foient réputés
tels, tant en Jugement que dehors : Sa Majefté faifant très-
expreffe inhibition & défenfes de leur donner aucun trouble
ni empêchement.

Or, fuivant les Loix & ufages Judaïques, les Juifs mineurs
n'ont pas befoin du confentement de leurs peres & meres pour
fe marier ; ou pour mieux dire, les jeunes Juifs ne font plus
réputés mineurs dès qu'ils font entrés dans leur quatorzieme
année « Quand un enfant a treize ans & un jour, il eft réputé
» homme : à cet âge il eft déclaré majeur & il peut contracter,
» car il ne dépend plus de fes tuteurs : il peut faire tout ce
» qui lui plaira, tant au fpirituel qu'au temporel ». Ce font les

termes

termes de Léon de Modene, célebre Rabin de Venise, part. 4, chap. 10, n. 4 de son Traité des coutumes & cérémonies qui s'observent parmi les Juifs.

Le mariage, tout important qu'il est, n'est point excepté du nombre des choses laissées à la libre disposition des jeunes Juifs. Selon le même Auteur, chap. 3, n. 1, le futur époux signe seul le contrat avec les parens de la future. Dans le détail des cérémonies de la célébration des mariages que fait tout de suite cet Auteur, il n'en est aucune qui présente la nécessité de l'assistance ou du consentement des peres & meres ou tuteurs. Veut-on un exemple aussi célebre qu'ancien de cet usage des Juifs, l'histoire de Tobie nous le fournit. Le fils de ce saint homme, instruit par lui dans la crainte du Seigneur & la connoissance de sa Loi, se marie dans une région éloignée, sans attendre le consentement de son pere. Ce fils si respectueux n'éprouve à cet égard aucun remords ; son pere, ce pere si zélé, ne lui fait aucun reproche ; & ce mariage dirigé par un Ange fut suivi des bénédictions les plus abondantes. Le consentement des peres & meres ou tuteurs n'est donc pas chez les Juifs une condition nécessaire pour la validité des mariages des mineurs.

Ce fut d'après ces principes que le Parlement de Bordeaux, par Arrêt du 16 Mars 1744, après une plaidoierie solemnelle, laissa subsister le mariage d'Abraham Robles, Juif de Bayonne, qui s'étoit marié à dix-huit ans, sans le consentement de Moïse Robles son pere ; malgré la réclamation du pere qui, sur fondement de ce défaut, poursuivoit la cassation du mariage.

En second lieu, quand le sieur Peixotto, oubliant les privileges & les Loix de sa Nation, voudroit soutenir qu'à cet

C

égard elle est soumise aux dispositions des Loix du Royaume, son prétendu moyen de nullité n'en auroit pas plus de force, & ne pourroit être admis dans sa bouche.

C'est pour maintenir l'autorité paternelle & par-là prévenir les malheurs dans lesquels l'imprudence ou la passion pourroit précipiter des enfans, & non pour favoriser la mauvaise foi & le libertinage de ces derniers, que nos Ordonnances ont fait défenses aux mineurs de se marier sans le consentement préalable des personnes dont ils dépendent : mais la nullité que prononcent ces Ordonnances n'est point absolue & radicale ; elle est purement relative & subordonnée totalement à la volonté des peres & meres. Les Loix ont déposé entre leurs mains toute leur autorité & leur rigueur ; elles laissent à leur prudence, à leur sagesse, à leur jugement, le sort de ces mariages. Le moindre signe d'approbation de leur part, la plus légere marque de réconciliation avec leurs enfans, leur silence seul, suffisent pour mettre ces mariages à l'abri de toute attaque, & leur assurer tous les effets civils.

On connoit l'Arrêt de Rioland, dont le mariage, quoique contracté sans le consentement de sa mere, fut maintenu, parce que cette mere avoit paru en accepter quelques services dans sa maladie.

Ricard, *des donations*, art. 3, chap. 8, sect. 1, rapporte un autre Arrêt dans une espece plus figuliere. Le fils d'un Eperonnier, après s'être évadé par débauche de la maison paternelle, épousa à vingt-deux ans une premiere femme, une seconde l'année suivante, & peu de tems après une troisieme du vivant des deux autres, sans avoir plus consulté ses pere & mere sur ce dernier mariage, que sur les deux autres. Ces pere & mere instruits, l'exhéredcrent par acte devant Notai-

res ; tant pour le mariage fait sans leur consentement , que
pour autres crimes qu'ils ne veulent pas révéler. Ce fils réduit
à la misere , revint ensuite à Paris avec sa famille ; il mit tout
en œuvre pour fléchir ses parens ; rien ne les toucha. La crainte
seule de l'exposer à des poursuites criminelles les engagea à lui
donner une retraite dans une de leurs maisons , mais sans lui
permettre de les voir. La mere étant tombée malade , fit avec
son mari un testament mutuel , par lequel ils confirmerent
l'exhérédation prononcée par eux contre leur fils , déclarant
qu'en lui donnant le logement dans une maison qui leur ap-
partenoit , ils n'avoient point entendu le relever de cette
peine ni lui rendre leur amitié ; que ce n'avoit été que pour
lui donner du pain comme à un étranger.

La mere mourut dans ces dispositions , & son fils la suivit
de près. Procès entre ses enfans & leur aïeul , appellant de la
tutele qui lui étoit déférée & comme d'abus du mariage :
Arrêt qui , sur les conclusions du célebre M. Talon , met les
Parties hors de Cour sur les appellations , & ordonne que les
enfans du fils décédé partageront dans la succession de
l'aïeule.

Tant il est vrai que le mariage contracté par des mineurs
sans le consentement de leurs pere & mere , n'est point nul
en soi , qu'il subsiste dès qu'il est approuvé par eux , ou seulement quand il n'en est pas attaqué.

Supposons que la Dame Peixotto n'a pas consenti dans le
tems au mariage de son fils ; mais elle ne s'en est jamais
plaint ; mais elle y a depuis solemnellement applaudi : elle a
reçu chez elle sa bru & ses petits-enfans ; elle les a comblés
de marques d'affection & de tendresse : elle ne fait que gémir
sur l'emportement & la fureur de son fils. Seroit-ce à ce fils

de venir se saisir & s'armer des droits de l'autorité maternelle; qu'il s'accuse d'avoir autrefois méconnus, pour renverser & détruire ce que cette même autorité a depuis adopté & confirmé ? Seroit-ce par un nouvel outrage qu'il prétendroit réparer le premier ?

C'est donc absolument à tort que le sieur Peixotto voudroit se faire un moyen du prétendu défaut de consentement de la Dame sa mere à son mariage : elle y a consenti : son consentement n'étoit d'ailleurs pas nécessaire selon les Loix sous lesquelles il vit ; eût-il été nécessaire, il auroit été suppléé par l'approbation subséquente : & dans aucun cas il ne seroit permis au sieur Peixotto d'en argumenter.

Les deux autres moyens qu'il propose sont encore plus frivoles, & méritent à peine d'être relevés.

Le premier consiste à dire, que deux témoins seulement ont signé l'acte de célébration de son mariage ; & que les Ordonnances du Royaume en demandent au moins quatre.

On a déjà vu que, suivant Léon de Modene, on ne prend chez les Juifs que deux témoins pour les cérémonies de mariage ; & on sait que c'est à ce nombre de témoins qu'on s'en rapporte, selon leur loi, pour les plus grandes affaires. L'acte de célébration du mariage du pere du sieur Peixotto n'a été signé de même que par deux témoins.

D'ailleurs, ce n'est point en France que ce mariage a été célébré ; il suffiroit qu'on y eût suivi les Loix du pays. Enfin, lorsque l'Edit de 1697 a prescrit aux Curés de se faire assister dans la célébration des mariages, & d'en faire signer les actes par quatre témoins, il ne l'a point prescrit sous peine de nullité ; & les nullités ne se présument point, il faut des dispositions précises pour les établir.

Mais, reprend le fieur Peixotto, on a déclaré nul le mariage du Comte d'Hautefort avec la Demoifelle Kerbabu, parce qu'il n'étoit infcrit que fur une feuille volante.

Que voudroit-il en conclure? Son mariage avec la Demoifelle d'Acofta n'eft-il pas infcrit en bonne forme fur les regiftres très-réguliers de la Synagogue des Juifs Portugais à Londres?

Quant à ce qu'il obferve quelque part, que les articles ou le contrat de fon mariage n'ont été fignés que par lui, la Demoifelle d'Acofta & les freres de celle-ci : on voit encore moins quelle induction il en pourroit tirer. Il n'eft pas même néceffaire de paffer un contrat, à plus forte raifon n'eft-il pas ordonné de le paffer pardevant Notaire & avec témoins : on peut donc le faire fous feing-privé. Ce ne fut là jamais un défaut de forme préjudiciable.

Mais enfin, dit-il, & c'eft fon dernier moyen, j'étois François, & je me fuis marié en pays étranger, fans permiffion du Roi; il n'en fallut pas davantage pour faire déclarer nul, en 1700, le mariage de M. le Duc de Guife avec Mademoifelle de Berghes : mon mariage avec la Demoifelle d'Acofta doit donc être annullé?

Le fieur Peixotto aime, on le voit, les grands exemples. N'auroit-il pas dû fentir que la diftance des rangs écartoit feule toute application?

S'il n'eft pas permis à des François de fe marier en pays étranger fans permiffion du Roi, c'eft aux Grands de l'Etat, aux perfonnes diftinguées par leurs places, leurs emplois; parce que leur rang, leur crédit, leur autorité, pourroient rendre ces alliances funeftes au Royaume. A l'égard des Citoyens ordinaires, on n'a pas cru devoir prendre de femblables précautions, parce qu'on n'avoit rien de pareil à craindre ; ils ne seroient repréhensibles que s'ils sortoient de la France pour aller se marier ailleurs en fraude, & au préjudice des Loix du Royaume. C'est uniquement aussi dans cette espece & par ce motif, que quelques mariages célébrés hors du Royaume ont été déclarés non valablement contractés.

A ces exceptions près, tout François peut, sans autorisation expresse, se marier par-tout où s'offre un établissement avantageux pour lui. S'il revient ensuite en France, son mariage y sera respecté comme s'il avoit été célébré en France. Le sieur Peixotto citeroit-il une personne de son état & de sa Nation, qui, dans les circonstances où il s'est trouvé, ait cru avoir besoin de permission pour se marier, ou qui ait été inquiétée pour n'en avoir pas obtenu ?

Ce dernier moyen n'a donc rien de plus solide que les autres allégués par le sieur Peixotto. On pourroit être peu surpris de voir un avide collatéral en employer de semblables pour disputer une succession. Mais que ce soit un époux qui vienne les présenter à la Justice pour dégrader son épouse, un pere pour déshonorer ses enfans ; que sur ces prétextes frivoles il ose demander aux Tribunaux de dissoudre un engagement qu'il a contracté avec la plus grande connoissance, la liberté la plus entiere, & sous les auspices de ce que la Religion lui offre de plus respectable ; un engagement le plus sacré & la source de tous ceux qui lient entr'eux les hommes ; un engagement enfin, dont l'unité, la stabilité & l'indissolubilité si propres à la fin pour laquelle il est établi, si nécessaires à la félicité, à la tranquillité publique, portent d'ailleurs sur l'ordre inviolable du Dieu qu'il adore ; que ce soit un époux, que ce soit un pere qui ferme son cœur à toutes ces saintes maximes, n'est-ce pas encourir l'indignation publique ?

Il est bien triste pour les Juifs Portugais, établis en France, que ce soit un de leurs Membres qui donne le premier ce funeste exemple. Quelles alarmes, quelle consternation ne répandroit pas parmi ce Peuple nombreux, utile & fidele, un Jugement qui porteroit atteinte à la solidité de leurs alliances en ébranlant celle-ci!

La Nation Juive ni la Dame Peixotto n'ont sans doute rien de pareil à redouter. La derniere se flatte d'avoir prouvé d'un côté, que son mari n'a ni titres ni moyens solides à lui oppo-ser, & d'un autre côté, qu'elle peut lui opposer elle-même les titres les plus puissans, les moyens les plus victorieux, la plus incontestable possession. Ne doit-elle pas espérer que le sieur Peixotto sera non-seulement débouté de sa demande injuste, mais qu'il y sera de plus déclaré non-recevable?

Ce qu'elle vient de dire pour la défense de son état n'a pas moins de force, & présenteroit encore plus d'intérêt dans la bouche de ses enfans; comme elle ils sont sous la protection du Souverain, des Loix & des Magistrats.

Mais en même-tems que cette vue console & rassure la mere, & au milieu de l'espérance dont elle est soutenue, une pensée bien affligeante vient la replonger dans la douleur. Que deviendront ses enfans? Elle-même que deviendra-t-elle après l'Arrêt qu'elle croit devoir espérer? Comment poursui-vre même son affaire?

Depuis quatre ans son mari, quoique convenu de lui payer annuellement 4200 livres, la laisse sans ressource. Il sera condamné sans doute à lui en fournir. Mais, comment l'y contraindre? Il est riche, on le sait; mais toutes ses richesses sont portatives; elles sont toutes dans son porte-feuilles, & ne laissent point de prise; il s'en vante.

A quel dessein d'ailleurs a-t-il voulu trois fois arracher ses enfans de chez sa propre mere qui en prend soin , & dont ils font la consolation ?

Si le sieur Peixotto les repousse aujourd'hui , que ne fera-t-il pas si un Arrêt proscrit ses prétentions ? Dans cette triste situation ; dans cette perspective si effrayante pour une mere, pour une épouse , la Dame Peixotto a pris le parti , & demande , si elle n'y étoit pas bien fondée , 1°. d'interjetter appel en la Cour de la Sentence rendue contr'elle par défaut au Châtelet de Paris le 30 Décembre 1775 : 2°. de demander à la Cour de la prendre , elle & ses enfans, sous sa sauvegarde : 3°. de demander une provision de 50,000 livres.

Signé, SARA MENDEZ D'ACOSTA , épouse du sieur Peixotto.

CONSULTATION.

LE CONSEIL SOUSSIGNÉ qui a pris lecture d'un Mémoire à Consulter pour la Dame Peixotto, ensemble du contrat de mariage de ladite Dame avec le sieur Samuel Peixotto Banquier, en date du 27 Février 1762; de l'acte de célébration de ce mariage, en date du 3 Mars suivant; d'une Requête présentée à M. le Prévôt de Paris ou son Lieutenant, par le sieur Peixotto, le 4 Octobre 1775; d'une Sentence par défaut rendue au Châtelet de Paris le 30 Décembre suivant au profit du sieur Peixotto, & d'autres pieces jointes :

ESTIME , sur la premiere question, que les dispositions aussi bien que l'esprit des Loix, les maximes les plus constantes de la Jurisprudence, les simples lumieres de la raison , & les premiers sentimens de l'honneur & de la probité se réunissent pour assurer

aſſurer le ſuccès de l'appel interjetté par la Dame Peixotto de la Sentence ci-deſſus datée, & faire proſcrire avec indignation la demande accueillie par cette Sentence.

Jamais, en effet, demande moins recevable, plus mal fondée, & plus révoltante en elle-même.

Le ſieur Peixotto a demandé & fait prononcer par défaut la nullité de ſon mariage avec la Dame Peixotto : mais en quel état des choſes? d'après quelle inſtruction? & ſur quels motifs? Procédés, procédures, moyens, tout de ſa part préſente l'empreinte de l'aveuglement ou de la fureur.

1°. Son mariage, dont il oſe attaquer la validité, fut célébré, il y a plus de 15 ans, à Londres avec toutes les cérémonies preſcrites par les loix religieuſes ſous leſquelles vivoient & vivent les deux époux. Il avoit été précédé d'un contrat civil ſigné par le futur après un mûr examen ; & ce contrat n'avoit été que la ſuite des demandes réitérées du ſieur Peixotto, demandes agréées des deux familles. L'alliance, à tous égards, étoit très-ſortable ; la condition, la fortune, les eſpérances de la demoiſelle d'Acoſta, aujourd'hui la Dame Peixotto, ne le cédoient point à celles du ſieur Peixotto lui-même.

Ce n'eſt pas tout : cette épouſe, qu'il s'étoit ſi légitimement unie, il en a publiquement & conſtamment reconnu les droits & la qualité. Peu de mois après ſes noces, il la conduiſit à Bordeaux dans le ſein de ſa famille ; il l'avoit annoncée, il la préſenta, elle fut reçue, & y a toujours été traitée comme ſon épouſe ; elle y devint mere de trois enfans dans ſa maiſon ; le ſieur Peixotto en célébra la naiſſance, comme d'enfans légitimes, par des fêtes éclatantes. Si par ſes caprices, ſes emportemens, il réduiſit ſon épouſe à ſouſcrire un écrit en 1772, par lequel ils conſentoient à vivre ſéparés, cet écrit, capable ſeul de

D

prouver l'existence, la validité du mariage, énonce d'ailleurs la qualité de la Dame Peixotto. Le sieur Peixotto la reconnoît encore dans un accord de mariage, qu'il signa l'année suivante, entre le sieur Daniel Peixotto son fils, & la Demoiselle Alexandre, fille de sa sœur.

Après des reconnoissances si publiques, si multipliées, lui pouvoit-il être permis de demander la nullité d'un mariage revêtu de toutes les formes, & soutenu d'une possession d'état si longue ? Les plus coupables excès d'une épouse ne justifieroient pas une demande pareille, de la part du mari le plus à plaindre ; & le sieur Peixotto n'a jamais eu le plus léger reproche à faire à la sienne.

2°. Mais comment est-il parvenu à faire prononcer cette nullité ? Ici l'étonnement augmente, & ne sera-t-on que surpris ?

Le sieur Peixotto n'étoit à Paris que pour affaires : dans e bail même de la maison qu'il y avoit prise, il s'étoit qualifié Banquier à Bordeaux ; c'est-là qu'il avoit sa maison, le centre de son commerce, le siege de sa fortune, & qu'il avoit laissé sa femme & ses enfans. Cependant c'est au Châtelet de Paris qu'il présente sa Requête en nullité ; & ce qui est moins concevable encore, c'est à Paris, à la maison qu'il n'y occupoit, pour ainsi dire, qu'en passant, & entre les mains de son Portier qu'il fait signifier & retenir la premiere assignation à son épouse, restée & demeurant de son aveu à Bordeaux ; il lui fait signifier de même les procédures suivantes. Enfin, sur le prétexte que la Dame Peixotto n'a point répondu à ces signications clandestines & irrégulieres, il la fait priver par défaut de son état.

Quand le sieur Peixotto auroit eu son domicile à Paris, & que son épouse auroit été censée y avoir le sien de droit, dès

qu'elle en étoit absente & éloignée de plus de cent cinquante
lieues, du consentement par écrit de son mari, celui-ci pouvoit-il la pourfuivre & obtenir des condamnations par défaut,
fur une citation dont il ne lui avoit point donné de connoiffance? Mais la Dame Peixotto étoit à fon vrai domicile de
droit & de fait; elle y vivoit fous la fauvegarde des Loix, &
pendant ce tems fon mari, fans l'en prévenir, la traduit dans
un Tribunal étranger, comme jufticiable de ce Tribunal; il l'y
pourfuit de même, & la fait condamner comme défaillante à
des fignifications qu'elle n'avoit point connues, & que fon mari
lui-même retenoit. N'eft-ce pas outrager les Tribunaux eux-
mêmes, & infulter à la fûreté publique?

Après avoir caché fi foigneufement à fon époufe les coups
qu'il lui portoit, il femble avoir voulu l'accabler par la maniere dont il lui en a fait connoître les fuites. Une copie de la
Sentence, fous une fimple enveloppe, a directement été adref-
fée à la Dame Peixotto. Les formes de la Juftice ne prefcri-
voient, il eft vrai, rien au mari à ce fujet; mais l'humanité
feule ne profcrivoit-elle pas une dureté pareille?

3°. Si quelque chofe peut encore furprendre de la part du
fieur Peixotto, après les procédés & les procédures dont on
vient de rendre compte, c'eft la nature des moyens fur lefquels
il appuie fa demande.

Il tire le premier d'une prétendue féduction dont il fe
plaint.

Mais où en font les preuves? où en font feulement les pré-
fomptions?

L'égalité d'état, la proportion de fortune, la conformité de
Religion entre les Parties écarteroient déja toute idée de féduction; l'acte de célébration, le contrat de mariage la font difpa-

roître aux yeux de la Loi : la reconnoiffance perpétuelle & conftante de fon mariage par le fieur Peixotto, la repouffe bien plus victorieufement encore. En quoi d'ailleurs auroit-il été féduit ? L'époufe qu'il s'eft choifie étoit digne de lui par fa condition, par fes richeffes, fi cet objet devoit être compté : il ne fe plaint d'aucune erreur, d'aucune illufion fur ces deux articles. Elle étoit par fes vertus digne d'un meilleur fort : à cet égard encore point de plainte du fieur Peixotto.

Inutilement, ajoute-t-il , qu'à peine de retour en France après fa majorité, il voulut faire prononcer la nullité d'une union que fon cœur défavouoit.

Il auroit par-là prouvé que fon cœur étoit changé, mais non qu'il avoit été féduit ; il eft au refte aifé de le confondre par lui-même. La preuve qu'il ne s'eft pas cru féduit, c'eft qu'il a conduit fon époufe en France, qu'il l'a placée comme telle au fein de fa famille & dans fa maifon, qu'il a regardé comme fes enfans légitimes ceux qui font nés de cette union ; c'eft que dix & onze ans après fon retour en France, fept & huit ans après fa majorité, il ne donnoit point d'autre qualité que celle de fon époufe, à la Demoifelle d'Acofta, dans les actes publics comme dans fes écrits particuliers : lui-même a donc réfuté d'avance la chimérique féduction qu'il ofe alléguer aujourd'hui.

Son fecond moyen, c'eft qu'il étoit mineur, & que la Dame fa mere (fon pere étoit mort) n'a point confenti à fon mariage.

D'abord on met en fait & on offre de prouver que la mere y a confenti. On établit d'ailleurs que felon l'ufage des Juifs, les Juifs mineurs, au-deffus de treize ans, peuvent fe marier fans le confentement de leurs peres & meres ; d'un autre côté, par

Lettres-patentes, accordées aux Juifs Portugais, par Henri II,
pour leur établissement en France, enregistrées au Parlement
de Paris, & confirmées par autres Lettres-patentes de Henri III,
Louis XIV, Louis XV, & de S. M. les Juifs Portugais sont
autorisés à vivre selon leurs Loix & usages, & n'y doivent point
être troublés, tant en jugement que dehors. On pourroit donc
soutenir que le consentement de la mere du sieur Peixotto n'é-
toit point requis pour la validité du mariage, que son fils, quoique mineur, a contracté; mais la Dame Peixotto n'a pas besoin de cette défense. Quand la Dame sa belle-mere n'auroit
pas dans le tems donné son consentement au mariage, elle l'a
depuis formellement & publiquement approuvé, en recevant
chez elle son fils & sa bru, en faisant élever chez elle leurs
enfans qui y sont encore en ce moment; par-là le défaut de
consentement de sa part, qui n'auroit formé qu'une nullité relative & conditionnelle, se trouveroit entierement couvert &
réparé; la belle-mere elle-même ne pourroit plus l'opposer à ce
mariage, encore moins peut-il être opposé par le fils; c'est ce qui
résulte des principes les plus constans, & de la Jurisprudence
la plus générale. On pourroit ajouter une foule d'Arrêts con-
formes aux deux cités dans le Mémoire. Le défaut de consentement de la mere n'est donc pas plus proposable de la part du
sieur Peixotto, que sa prétendue séduction.

Passons à ce qu'il appelle son troisieme moyen de nullité. Il
le fait résulter de ce que deux témoins seulement ont signé à
son contrat de mariage, tandis que l'Edit de 1697 en desire
quatre.

Ce moyen se réfute comme le précédent. D'un côté, l'usage
des Juifs, attesté par Léon de Modene, dans son Traité des
Coutumes observées par les Juifs, est de ne prendre que deux

témoins pour la célébration des mariages, comme pour toutes les autres affaires, même de la plus grande importance ; d'un autre côté, ce n'est point en France qu'a été célébré le mariage du sieur Peixotto. On n'étoit donc pas obligé d'y observer les solemnités extérieures que les Loix de la France ont établies pour ces actes. Enfin, l'Edit de 1697, en prescrivant l'assistance de quatre témoins, ne l'a point ordonnée sous peine de nullité : aussi toutes les fois que ce moyen a été opposé à des mariages, MM. les Gens du Roi n'ont pas manqué de l'écarter ; sur-tout lors, comme ici, que le mariage attaqué réunissoit tous les caractères de la bonne foi & de la publicité.

Une dernière ressource, ou plutôt un dernier subterfuge du sieur Peixotto, c'est de prétendre qu'il n'a pu se marier valablement en Angleterre sans la permission du Roi, attendu sa qualité de François, & il cite l'exemple du Duc de Guise, dont le mariage avec la Demoiselle de Berghes fut cassé en 1700 sur ce fondement.

On observe avec raison, dans le Mémoire pour la Dame Peixotto, que s'il y a une défense aux François de se marier en Pays étranger sans permission du Roi, elle doit être restreinte aux Grands de l'Etat & aux personnes élevées à des grades, à des emplois importans ; qu'à l'égard des Citoyens ordinaires, rien n'engageoit à les priver de leur liberté à ce sujet, & que jamais on n'inquiétoit des François pour cette cause, à moins qu'on eût à leur reprocher d'être sortis en fraude du Royaume, pour aller se marier ailleurs au mépris de nos Loix.

Le sieur Peixotto n'étoit certainement point dans ce cas. Il étoit sorti de France par des vues louables ; il trouve en Angleterre un parti avantageux ; tout se propose, s'arrange, se conclut selon les regles, selon les loix de la sagesse & de la prudence.

Les Loix de l'Etat ne peuvent réprouver une telle alliance, elles la respectent.

C'est à ces prétendus moyens que se réduisent les nullités invoquées par le sieur Peixotto contre son mariage. Avec quel avantage les repousseroit-il lui-même, si, conservant les sentimens dont il devroit être animé, il avoit à défendre son mariage contre d'avides collatéraux, ou même contre les personnes les plus autorisées à l'attaquer? Ce qui seroit impuissant dans d'autres bouches, combien doit-il paroître vain, déplacé & odieux dans la sienne? Autant qu'on est porté à plaindre des époux obligés à défendre la légitimité de leur union, contre des attaques étrangeres, autant s'indigne-t-on contre celui des deux époux, qui vient s'élever lui-même contre les liens qu'il a formés: rien ne paroît admissible de sa part, parce qu'il a dû tout connoître, & qu'il est censé avoir tout voulu. On n'a point d'égard aux nullités qu'il propose, parce que ce n'est point en sa faveur que ces nullités ont été établies, & que ce seroit en quelque sorte couronner l'injure qu'il a faite aux Loix, que de lui en laisser réclamer les avantages.

Ces principes ont été confirmés par un Arrêt connu de tout le monde: il est intervenu à la Grand'Chambre contre le sieur Philippe, qui fut déclaré non-recevable dans l'appel comme d'abus qu'il avoit interjetté de son mariage. La Cour n'eut aucun égard au moyen qu'il opposoit, & qui résultoit du défaut de présence du propre Curé: nos Livres sont remplis d'Arrêts qui contiennent des décisions semblables.

Si le respect dû au lien du mariage, qu'une longue & publique cohabitation avoit affermi, a fait ainsi traiter un époux qui reprochoit pourtant à son mariage des nullités bien avérées, il est aisé de pressentir & d'annoncer le sort que doit avoir la demande du fieur Peixotto ; deftituée de tout fondement., & dirigée contre une alliance que tout devroit lui rendre refpectable, elle eft bien plus capable d'indigner contre la témérité de l'époux, que d'alarmer fur la qualité de l'époufe. On peut la plaindre de l'avoir cette qualité ; mais on ne peut porter atteinte au titre qui la lui donne. Le fieur Peixotto eft donc également mal fondé & non-recevable dans fa demande.

En vain, ajoute-t-il, que la Demoifelle d'Acofta teallement elle-même fenti la nullité de fon mariage, qu'elle a confenti par écrit à vivre féparée de lui.

On ne fent que trop les motifs qui ont dû porter la Dame Peixotto à cette fignature ; mais loin de fervir au fieur Peixotto, cet écrit achève de le confondre : fon époufe eût-elle foufcrit réellement à la nullité même de fon mariage, cette fignature ne pourroit être attribuée qu'à la terreur dont fon mari l'auroit frappée ; elle feroit impuiffante pour la dépouiller de fon état, & encore plus pour dépouiller du leur les enfans nés de ce mariage. Mais loin d'en avoir méconnu la validité par cet écrit, les Sieur & Dame Peixotto y auroient mis le fceau, s'il en eût été befoin. Ils reconnoiffent que pour vivre féparés, il leur faut leur confentement réciproque. Une étroite, une indifpenfable obligation les attachoit donc à vivre enfemble : or, cette obligation ne pouvoit naître & réfulter que d'un mariage réel, valable & légitime. C'eft enfin fous le nom & en la qualité d'époufe du fieur Peixotto, que la Dame Peixotto a foufcrit cet engagement. Ainfi, dans les écrits mêmes que fa fureur arrachoit à fon époufe, il rendoit hommage à fes droits, à fes titres ; il ne fe préfente aujourd'hui, pour en demander l'anéantiffement & la nullité, qu'environné, qu'accablé des preuves de leur validité ; preuves émanées de lui-même, & dans un

tems

tems où il n'a plus l'ombre même de séduction à faire valoir.

C'en est trop sans doute sur un objet si manifeste : il ne sauroit rester le moindre doute sur l'injustice ouverte de la demande du sieur Peixotto, ni d'incertitude sur le fort qu'elle doit avoir. On ne peut qu'être étonné, qu'être indigné qu'il ait osé la former, & qu'il ne craigne pas de la suivre.

Sur la seconde question, c'est à la tendresse, autant qu'à la puissance paternelle, que la nature & les Loix ont voulu confier la garde, le soin & l'éducation des enfans : si une haine aveugle prend la place de la premiere, si le pouvoir dégénere en abus, l'autorité des Loix doit venir au secours des enfans, & veiller à leur intérêt & à leur conservation. L'atteinte que le sieur Peixotto s'efforce de porter à l'état des siens, en attaquant l'état de leur mere, ne découvroit déjà que trop ses sentimens à leur égard, & les tentatives qu'il a faites d'abord par ruse, ensuite à force ouverte, & enfin au moyen d'une lettre de cachet, pour les arracher d'entre les bras de sa mere leur aïeule, sont bien propres à justifier la sollicitude maternelle de la Dame Peixotto ; elle a pu avec confiance déposer ses craintes dans le sein de la Justice, & demander à la Cour de vouloir bien prendre sous sa sauve-garde la mere & les enfans.

Sur la troisieme question, le mari doit sans contredit à son épouse la nourriture, le logement & l'entretien ; & sous ces termes sont comprises toutes les dépenses nécessaires & convenables que la femme se trouve obligée de faire. Il ne manquoit au sieur Peixotto, pour achever de rendre sa conduite odieuse, que de refuser ces secours à son épouse, dont il a reçu une dot de 6000 livres sterlings dont il jouit ; ce dernier trait n'a point échappé à sa dureté. Il y aura quatre ans au mois de Janvier prochain, que, malgré la fortune immense dont il jouit ; il n'a rien payé à la Dame Peixotto de la penfion de 4200 liv. à laquelle il a jugé à propos de réduire celle de 6000 liv. qu'il lui avoit promife d'abord. Il a fallu que la Dame Peixotto empruntât pour fa fubfiftance pendant ce tems. Les procédures qu'elle a été obligée de faire à Bordeaux & au Confeil à l'occafion de l'affaire préfente, l'ont engagée à de nouveaux emprunts. La néceffité de venir fuivre à Paris la défenfe de fon état, en devient une nouvelle fource pour elle; les pourfuites injuftes de fon mari en font la caufe unique. Elle étoit donc auffi bien fondée à demander une provifion de 50,000 liv. fous la réferve de tous fes autres droits & actions.

Délibéré à Paris, le 14 Octobre 1777. Signés, D'OUTREMONT, AUBRY, LEGOUVÉ, DIDIER.

De l'Imprimerie de L. CELLOT, rue Dauphine, 1777.

www.ingramcontent.com/pod-product-compliance
Lightning Source LLC